A Crabtree Roots Book
Yon Liv Crabtree Rasin

TEACHER
PWOFESÈ

People I Meet
Moun Mwen Rankontre Yo

OUGLAS BENDER
EAN-PIERRE GASTON

Crabtree Publishing
crabtreebooks.com

School-to-Home Support for Caregivers and Teachers

This book helps children grow by letting them practice reading. Here are a few guiding questions to help the reader with building his or her comprehension skills. Possible answers appear here in red.

Before Reading:

- What do I think this book is about?
    - *This book is about teachers.*
    - *This book is about what a teacher does at work.*
- What do I want to learn about this topic?
    - *I want to learn where a teacher works.*
    - *I want to learn what a teacher does.*

During Reading:

- I wonder why...
    - *I wonder why some people become teachers.*
    - *I wonder why teachers use chalkboards.*
- What have I learned so far?
    - *I have learned that some teachers work in classrooms.*
    - *I have learned that teachers help people learn.*

After Reading:

- What details did I learn about this topic?
    - *I have learned that teachers can teach many different subjects.*
    - *I have learned that not all teachers teach in classrooms.*
- Read the book again and look for the vocabulary words.
    - *I see the word **classroom** on page 6, and the word **board** on page 8. The other vocabulary words are found on page 14.*

Sipò Lekòl A Kay Pou Moun Kap Bay Swen Ak Pwofesè Yo

Liv sa ede timoun yo grandi lespri yo nan kite yo pratike lekti. Men kèk kesyon kap ede lektè yo bati konpreyansyon konpetans yo. Epons posib yo parèt an wouj.

Anvan Lekti:

- De kisa mwen panse liv sa ap pale?
    - *Liv sa se sou pwofesè yo.*
    - *Liv sa se sou sa yon pwofesè fè nan travay la.*
- Kisa mwen vle aprann sou sijè sa?
    - *Mwen vle aprann kote yon pwofesè ap travay.*
    - *Mwen vle aprann kisa yon pwofesè fè.*

Pandan Lekti:

- Mwen mande poukisa...
    - *Mwen mande poukisa gen moun ki vin pwofesè.*
    - *Mwen mande poukisa pwofesè yo itilize tablo.*
- Kisa mwen te aprann jiskaprezan?
    - *Mwen te aprann ke gen pwofesè ki ap travay nan salklas yo.*
    - *Mwen te aprann ke pwofesè yo ede moun yo aprann.*

Aprè Lekti:

- Ki detay mwen te aprann sou sijè sa?
    - *Mwen te aprann ke pwofesè yo ka anseye anpil matyè diferan.*
    - *Mwen te aprann ke se pa tout pwofesè ki anseye nan salklas yo.*
- Li liv la ankò epi chèche mo vokabilè yo.
    - *Mwen wè mo **salklas** nan paj 6 ak mo **tablo** nan paj 8. Lòt mo vokabilè yo jwenn nan paj 14.*

This is a **teacher**.

Sa se yon **pwofesè**.

A teacher
helps people.

Yon pwofesè
ede moun.

This teacher is in a **classroom**.

Pwofesè sa nan yon **salklas**.

abcdefgh
ABCDEF
JKLMNO
STUVWX

A teacher writes on a **board**.

Yon pwofesè ekri sou yon **tablo**.

A teacher sits
at a **desk**.

Yon pwofesè chita nan yon **biwo**.

Do you know
a teacher?

Èske ou konnen
yon pwofesè?

Word List

Sight Words

a	on
at	people
do	teacher
in	this
is	you

Lis Pawòl

Mo timoun rekonèt lè yo fèk kòmanse li

moun	ou	se
nan	sa	yon

Words to Know

board

classroom

desk

teacher

Mo pouw Konnen

biwo

pwofesè

salklas

tablo

31 Words

This is a **teacher**.

A teacher helps people.

This teacher is in a **classroom**.

A teacher writes on a board.

A teacher sits at a **desk**.

Do you know a teacher?

30 mo

Sa se yon **pwofesè**.

Yon pwofesè ede moun.

Pwofesè sa nan yon **salklas**.

Yon pwofesè ekri sou yon tablo.

Yon pwofesè chita nan yon **biwo**.

Èske ou konnen yon pwofesè?

People I Meet
Moun Mwen Rankontre Yo

TEACHER
PWOFESÈ

Written by/Ekri pa: Douglas Bender
Designed by/Ki fèt pa: Rhea Wallace
Series development/Devlopman seri a pa: James Earley
Proofreader/Korektè: Janine Deschenes
Educational consultant/Konsiltan edikasyon: Marie Lemke M.Ed.
Translated by/Tradui pa: Jean-Pierre Gaston

Photographs/foto:
Shutterstock: ESB Professional: cover; michaeljung: p. 1, 3, 14; wavebreakmedia: p.5; Monkey Business Images: p. 7, 13, 14; Evgeniy Kalinovskiy: p.9, 14; Szasz-Fabian Illka Erikca: p. 10-11, 14

Crabtree Publishing

crabtreebooks.com 800-387-7650

Published in Canada
Pibliye nan Kanada
Crabtree Publishing
616 Welland Ave.
St. Catharines, Ontario
L2M 5V6

Published in the United St
Pibliye Ozetazini
Crabtree Publishing
347 Fifth Avenue,
Suite 1402-145
New York, NY, 10016

Paperback 978-1-0398-5073-6
Ebook (pdf) 978-1-0398-5115-3
Epub 978-1-0398-5157-3

Printed in Canada/122023/CP20231124

Library and Archives Canada Cataloguing in Publication
Available at the Library and Archives Canada

Library of Congress Cataloging-in-Publication Data
Available at the Library of Congress